RÉPONSE

A M. THIERS

PARIS

IMPRIMERIE BALITOUT, QUESTROY ET Cᵉ

7, rues Baillif et de Valois, 18.

RÉPONSE

A M. THIERS

PAR

M. A. FLORI

PARIS

E. DENTU, LIBRAIRE-ÉDITEUR

PALAIS-ROYAL, 17 ET 19, GALERIE D'ORLÉANS

—

1867

RÉPONSE

A M. THIERS

I

Vous aviez raison, Monsieur Thiers, en affirmant à la tribune que c'est la France qui, par l'envoi de 250,000 soldats au delà des Alpes, a décidé la conquête de la Lombardie sur les Autrichiens; mais là n'est pas la question; la question est de savoir : 1° quelle était la situation de l'Italie, en l'année 1859? 2° quelle conduite, en vertu de cette situation, la France avait à tenir?

Vous n'ignorez pas que le Piémont, la seule partie de l'Italie qui jouît, à cette époque, d'un régime constitutionnel, était le refuge de tous les exilés politiques du reste de la Péninsule, le coin de terre où aboutissaient, pour se reconnaître et s'entendre, tous les mécontentements, toutes les déceptions générales ou particulières, et aussi toutes les espérances nationales. Quand M. de Cavour vint en France et en Angleterre, il n'hésita pas à déclarer à qui voulut l'entendre, que le Piémont, devenu le foyer patriotique de ces agitations, n'avait plus le choix d'une ligne de conduite; perdu pour perdu, il était décidé à jouer son dernier enjeu et à tenter un effort suprême pour renvoyer les Autrichiens hors du territoire italien.

De son côté, l'Autriche, prévoyant bien qu'un jour ou l'autre le Piémont risquerait l'offensive, avait, pour parer à tout événement, accumulé des forces considérables sur la frontière lombarde. Or, cette expectative armée ne pouvait se prolonger indéfiniment : en pesant lourdement sur les finances du gouvernement autrichien, elle l'obligeait, lui aussi, à prendre un parti sans plus différer. Le cabinet de Vienne sentait qu'il lui fallait, non-seulement écraser le Piémont, comme il l'avait fait en 1849, mais l'occuper militairement tout entier, afin de prévenir toute revanche des vaincus et d'en finir une bonne fois avec une lutte toujours susceptible de se rallumer.

Ainsi, la guerre devait être à mort, et l'alternative était la suivante : ou l'Autriche expulsée définitivement de l'Italie, ou le Piémont soumis, c'est-à-dire les Autrichiens maîtres de Nice et de la Savoié.

Voilà qu'elle était en 1859, Monsieur Thiers, la situation faite à l'Italie, en dehors de toute ingérence de la France : méconnaître cette vérité serait nier le jour qui nous éclaire.

C'est alors que M. Cavour, mis au pied du mur, sollicita pour le Piémont les secours de la France. Dans ces circonstances, que devait faire l'Empereur des Français? Il avait à choisir entre trois politiques différentes; il pouvait : 1° garder une neutralité rigoureuse, et laisser l'Autriche occuper Nice et la Savoie; 2° s'entendre avec les Autrichiens pour le partage de l'Italie, qui devenait ainsi une seconde Pologne; 3° s'allier avec le Piémont et lui prêter l'appui de ses armes contre ses ennemis.

II

Dans le premier cas, celui de la non-intervention absolue, le cabinet de Vienne, victorieux du petit État subalpin, avait, par suite, à sa discrétion toute la Péninsule italienne; pour la rattacher à son système politique, il pouvait offrir aux Italiens de créer dans le nord de l'Italie un royaume gouverné par un archiduc d'Autriche; il pouvait concéder à ce royaume toute espèce de libertés, tous les éléments d'une autonomie véritable, et conclure avec lui une alliance offensive et défensive. En réalité, il suffisait à l'Autriche, pour conserver la haute main, de retenir comme garantie les forteresses de Gênes, d'Alexandrie et le Quadrilatère. Or, je le demande à tous les hommes éclairés et de bonne foi, les Italiens, vaincus par l'Autriche et abandonnés par la France, eussent-ils pu repousser un arrangement de cette nature? Loin de pouvoir s'y refuser, ils se fussent estimés heureux de souscrire à des conditions relativement acceptables pour un peuple écrasé, à qui il ne reste que la défaite et l'isolement.

Grâce à cette combinaison, l'Autriche, de son côté, au lieu d'avoir dans l'Italie un ennemi toujours prêt à se révolter et paralysant sa puissance, trouvait désormais en elle un allié sur lequel elle pouvait s'appuyer pour conquérir en Allemagne la suprématie qu'elle ambitionnait, et organiser selon sa convenance la confédération de Francfort. Telle était la conduite qui s'imposait naturellement au cabinet de Vienne; supposer qu'il eût pu en tenir une autre, ce serait lui attribuer une ineptie politique dont il n'y a pas raisonnablement lieu de le gratifier.

Que devenait la situation de la France, cernée par une Autriche maîtresse en Allemagne comme en Italie?

III

Passons à la seconde hypothèse, celle du partage de l'Italie entre la France et l'Autriche. Vous voilà donc maître, Monsieur Thiers, de quelques pays au-delà des Alpes. Il va sans dire que l'Autriche se réserve la première part et s'attribue les bonnes positions; mais passons. Ce qu'il importe de savoir, c'est la conduite que vous auriez tenue à l'égard de vos provinces italiennes. De deux choses l'une : ou il vous fallait continuer le rôle du Piémont, donner asile à tous les proscrits politiques de la Péninsule, et favoriser la conspiration du patriotisme, ce qui eût infailliblement abouti, un jour ou l'autre, à une guerre contre l'Autriche; ou bien vous auriez été obligé de créer une Sibérie qui vous eût débarrassé de tous les patriotes italiens, de tous ces hommes coupables d'aimer leur patrie comme vous-même, Monsieur Thiers, vous vous glorifiez si hautement d'aimer la vôtre; de tous ces hommes enfin, dont l'âme généreuse et fière est aussi incapable d'accepter l'humiliation de leur pays que de vous envier le monopole de cet autre sentiment moins légitime : périsse le monde, si je dois grandir sur ses ruines !

Il faut reconnaître, Monsieur Thiers, que ce sentiment qui occupe votre âme et l'obsède, vous n'avez pas cependant osé le formuler avec franchise ; vous avez cru tourner la difficulté en disant : « *Je n'ai jamais vu et je ne vois que l'intérêt de mon pays ; je n'ai aimé et n'aime avec passion que mon pays seul.* » Or, de pareilles prémisses, on ne peut tirer que cette conséquence : Toute puissance qui s'élève et tend à porter ombrage à mon pays, je l'abats.

Il y a quelques années, Monsieur Thiers, quand l'Italie menaçait toujours l'Autriche d'une révolution, la force de l'Autriche était paralysée. Quand l'Allemagne, morcelée en différents petits États, perdait, par ce fractionnement, toute sa puissance, la France dominait en Europe, et les nations attendaient avec anxiété le 1er janvier, pour savoir quel serait leur sort, par l'arrêt sorti de la bouche de l'Empereur des Français. Cet âge de candeur est passé pour les peuples : ils ont voulu prendre dans le monde la place qui leur revenait ; ils ont voulu être, non plus les tributaires de la

France, mais ses égaux; ils ont voulu que leur sort dorénavant fût dans leurs mains et ne dépendît pas des décisions de l'Empereur des Français. Voilà, Monsieur Thiers, toute la question dans sa plus lumineuse simplicité. Il s'agit de savoir si le sentiment qui a présidé à ce réveil des nations est un sentiment avouable et légitime. Certes, que la France exige qu'on la considère et la traite en Europe comme une puissance de premier ordre, c'est son droit, et nul esprit sensé ne songe à le lui dénier; mais que la France, pour garder la prééminence politique, refuse aux autres peuples leur indépendance et leur unité, c'est là une prétention inadmissible pour tout homme *qui n'a jamais vu et ne voit que l'intérêt de la justice et de l'équité, et qui n'aime et n'a jamais aimé avec passion que la justice et l'équité pour tous.* Allons, Monsieur Thiers, si je posais mes prémisses en contradiction avec les vôtres, je suis sûr que j'obtiendrais, en France même, une majorité immense d'adhésions; car le peuple français a l'âme généreuse et ouverte au sentiment de la justice et de l'équité due à tous. Il n'a qu'un tort, c'est de mal connaître l'histoire des autres peuples, même la contemporaine. En revanche, il connaît trop sa propre histoire, histoire écrite malheureusement par des historiens qui partent tous plus ou moins de votre point de vue, Monsieur Thiers, c'est-à-dire *la France avant tout*.

Si par ces mots : la France avant tout, vous vouliez dire que la France doit être le modèle des nations en grandeur d'âme, en hospitalité, en industrie, en instruction, je souscrirais à la devise avec empressement ; — mais glorifier les Français comme le peuple qui s'entend le mieux à tuer les hommes, comme le plus capable de bouleverser et de ravager le monde, afin de maintenir sa supériorité en cet art de tuer les hommes, les glorifier comme le peuple qui ne consent pas à tolérer, dans ce même art, de rival et d'émule, en vérité, c'est assigner une étrange place à la morale et à l'équité. La guerre n'est légitime, Monsieur Thiers, que pour repousser une invasion, secouer le joug de la tyrannie, ou défendre le faible opprimé par le fort ; en dehors de ces trois cas, rien ne saurait l'excuser. Le courage, quand il est en accord avec le droit et la raison, est une vertu ; mais dès que le courage consiste à mettre sa vie à la merci du premier venu, dès qu'il consiste à se faire, et le plus souvent pour de mauvaises causes, un instrument actif de massacre et de destruction, le courage alors devient un crime. Je défie tous les raisonneurs du monde de me prouver le contraire, non pas en usant des ambages de la diplomatie et en recourant à ces artifices au moyen desquels la parole déguise la vérité, mais en appelant catégoriquement les choses par leur nom.

Pour en finir avec la seconde hypothèse que j'ai posée, à savoir, le partage de l'Italie, je vous demande Monsieur Thiers, de répondre à une seule question : qu'eussiez-vous pensé de la France mettant sur l'Italie la griffe que la Russie tient appliquée sur la Pologne ? Auriez-vous été satisfait de cette politique, et vous eût-elle paru de nature à faire éclater cette magnanimité, cette grandeur morale, que vous exaltez à tout propos comme les plus nobles titres de gloire de votre pays et qu'aujourd'hui encore vous ne souffririez pas qu'on vous contestât, sans que votre sang bouillonnât de colère dans vos veines ?

IV

J'arrive au troisième mode de conduite à tenir : l'Italie secourue par les armes françaises. Ce concours, disent les partisans de la politique d'égoïsme, la France ne le devait en aucune façon aux Italiens. En s'alliant avec eux contre l'Autriche, elle accomplissait un acte de générosité pure ; elle leur faisait bénévolement cadeau de son argent et de son sang. Eh quoi ! a-t-on oublié que l'Italie a sacrifié quatre-vingt mille hommes sur les champs de bataille du premier Empire, et qu'elle a ainsi contribué aux victoires de Napoléon ? A-t-on oublié que c'est pour être restée la fidèle alliée de la France, même après les revers de 1812, à une époque où tout le monde délaissait cette France, que l'Italie s'est vue démembrée par les traités de 1815 ? Devant ces traités, œuvre de la force, il fallut bien courber la tête, au-delà comme en deça des Alpes, et attendre une réparation de l'avenir. Cette communauté de malheur et de gloire entre les deux pays devait tôt ou tard porter ses fruits. Après quarante années révolues, au temps de la guerre de Crimée, l'Italie est le seul allié qui réponde à l'appel de la France ; ce petit État du Piémont, pauvre, inquiet et mal assis, consent à faire un effort que ses faibles ressources ne semblaient pas lui rendre facile. Certes, pour tant de sacrifices et de dévouement la France lui devait bien quelque chose ; qu'une occasion se présente, et elle montrera aux Italiens qu'elle garde le souvenir des services qu'on lui a rendus, et que si des circonstances indépendantes de sa volonté l'obligent d'ajourner le paiement de sa dette, une heure arrive néanmoins où sa reconnaissance devient effective.

C'est ce qui eut lieu en 1859 à l'immortel honneur de la France. Car, voyez-vous, Monsieur Thiers, en dépit des théories que vous excellez à revêtir d'une façon brillante, pour qu'un peuple soit vraiment grand, il ne suffit pas qu'il ait beaucoup de raison et de jugement, il faut encore qu'il ait du cœur. Il en est des nations comme des individus : tout vaste que soit leur génie, si elles bâtissent sur l'ingratitude et sur l'égoïsme, elles finissent par crouler avec leur ruineux édifice. Vous même, Monsieur Thiers, en avez fait l'aveu à la tribune : « La France a été vaincue, avez-vous dit, lorsque, sous Louis XIV et Napoléon Ier, elle a menacé *les intérêts des nations ;* elle a été victorieuse, lorsqu'elle les a défendus, comme dans la guerre de Trente ans et dans les guerres de la Révolution. » Et vous avez encore très-logiquement ajouté ceci : « L'intérêt de la France, je veux le placer dans *l'intérêt de tous.* »

Vous savez aussi bien que moi, Monsieur Thiers, quel prodigieux retentissement a eu dans le monde entier le manifeste impérial daté de Milan. J'étais alors en Angleterre, et tel est l'empire des grandes choses, que, dans le cercle même de la famille d'Orléans, on n'hésitait pas à déclarer que, par ce manifeste, l'Empereur Napoléon III venait de s'élever d'un bond à une hauteur où jamais aucun roi de France n'avait atteint, et qu'en adoptant cette politique généreuse, il avait droit à l'admiration et au respect de ses ennemis mêmes. Ce sentiment dominait généralement chez les Anglais qui, tout en souhaitant que l'Italie recouvrât son indépendance, ne cachaient pas leur désir de voir les Français battus dans cette campagne, tant ils appréciaient à sa juste portée le surcroît le force morale que la France pouvait retirer de l'exécution du fameux programme : *l'Italie libre jusqu'à l'Adriatique,* programme dont la réalisation faisait de l'Empereur des Français l'arbitre des nations.

Oui, Monsieur Thiers, jamais la France, quoi que vous disiez, n'avait eu devant soi des horizons plus beaux et plus vastes que ceux qu'elle venait de s'ouvrir en 1859; car, dans la voie où elle s'engageait, il s'agissait de montrer au monde que, tandis que l'ambition des autres puissances était de travailler à augmenter le nombre des esclaves et à consolider les injustes dominations par toute l'Europe, la France, au contraire, se consacrait avec désintéressement au triomphe du droit et de la liberté; — il s'agissait de montrer que, tandis que les autres cherchaient à se faire craindre, elle cherchait à se faire aimer, et revendiquait, sûre d'ailleurs de les obtenir, les sympathies de tous les peuples.

V

Mais, pour pratiquer une telle politique, il faut une largeur de vues et de sentiments qui ne s'accommode d'aucune réticence et exclut toute arrière-pensée. On ne sert pas une grande idée, Monsieur Thiers, en usant de son éloquence et de son savoir pour dénaturer les événements de l'histoire au profit d'une thèse préconçue, et pour essayer d'en imposer au public innocent, quitte à signer ensuite avec sa conscience un traité de capitulation stipulant cette clause de rachat moral : le maintien du pouvoir temporel du Pape. L'homme juste, Monsieur Thiers, n'est essentiellement ni un poète ni un diplomate ; c'est le philosophe pur et simple, c'est-à-dire l'ami éclairé de la vérité à la fois idéale et pratique, car, en politique comme en toute autre matière, ces deux termes ne se séparent pas, et nul, fût-ce un homme d'État, n'est fondé à faire le dédoublement. Vous connaissez la réponse de cet Anglais à qui l'on reprochait, au Parlement, de soutenir une motion contraire aux intérêts de la Grande-Bretagne : « Avant d'être Anglais, répli-

qua-t-il, je suis homme, et je renoncerais à ma na-
tionalité, si je savais que la grandeur de mon pays
dût être faite du malheur des autres nations. » En un
mot, Monsieur Thiers, vous reconnaîtrez avec moi que
de retrancher dans un patriotisme outré qui ne tient
pas compte des moyens et foule aux pieds le droit
d'autrui, ce n'est pas autre chose que prôner les
maximes que Cartouche mettait en pratique. Pro-
portion gardée du petit au grand, je ne vois là aucune différence.

Mais revenons aux faits de l'année 1859. Quand se
répandit la nouvelle du traité de Villafranca, démanti
donné aux paroles du manifeste de Milan, les ennemis
de l'Empereur Napoléon ne se tinrent pas de joie;
pour ses amis, grands furent leur désappointement
et leur tristesse. Le sentiment que vous éprouvâtes
personnellement, vous devez le savoir, Monsieur
Thiers. — Ceux à qui la France portait ombrage,
disaient : « Napoléon III aime les coups de théâtre,
mais il n'a pas le courage de mener une grande en-
treprise à bonne fin. » Un journal, l'*Indépendance
belge*, rapporta même une conversation, assez vraisem-
blable, qui aurait eu lieu la veille de la paix de Villafranca entre l'Empereur et le général Fleury. Quant
à cette idée, que la France ne s'était arrêtée au Mincio

que devant les menaces de l'Allemagne, personne ne voulut la prendre au sérieux. On savait bien que la Prusse était trop heureuse de voir l'Autriche, sa rivale, amoindrie par la France, pour songer à lui porter secours; et d'ailleurs l'empereur François-Joseph n'avait-il pas déclaré nettement que s'il se décidait à conclure la paix, c'est qu'il avait perdu tout espoir d'obtenir l'aide et l'assistance de l'Allemagne? Un autre motif dont il ne parlait pas, mais qu'un ministre autrichien avoua dans un entretien, c'est qu'une insurrection se préparait en Hongrie, et François-Joseph, qui le savait, craignant d'être pris entre deux feux, jugea plus sage de traiter et de consentir à la cession de la Lombardie.

Ainsi, la France avait fait la paix à Villafranca sans avoir réalisé l'éclatant programme de son entrée en campagne. Elle avait, il est vrai, acquis quelques territoires pour son allié; mais, de son côté, elle avait reçu en compensation de ses sacrifices, les deux belles provinces de Nice et de la Savoie : cession que M. de Cavour signa les larmes aux yeux. Et quant à cette promesse : L'Italie libre jusqu'à l'Adriatique, qu'était-elle devenue? En la formulant, cette promesse, la France avait reconnu solennellement une chose: c'est qu'il était juste et indispensable que Venise revînt à l'Italie. Or, si de l'aveu de la France, cet appoint territorial était nécessaire aux Italiens, comment oserait-on dire que ceux-ci en méconnaissaient l'utilité? Quoi! après tous ces précédents de fait et de droit bien établis, il se trouve un orateur pour venir déclarer en plein Corps législatif, qu'il fallait que la France, en 1866, empêchât l'Italie de s'unir à la Prusse, qu'il fallait qu'elle lui interdît formellement une alliance qui pouvait lui donner une province revendiquée inutilement depuis six années! Mais ne sentez-vous pas, Monsieur Thiers, que l'Italie, pour avoir Venise, eût, au besoin, conclu une alliance avec la Chine? Et certes, elle avait raison; elle usait en cette circonstance de son droit le plus imprescriptible. Au nom de quel principe et de quelle façon, je vous le demande, vous y seriez-vous opposé? Il n'y avait qu'un moyen sûr et légitime d'isoler la Prusse de l'Italie, c'était de rendre la Vénétie aux Italiens. Mais ce moyen n'était pas aux mains de la France, puisque l'Empereur François-Joseph s'était refusé obstinément à toute espèce de transaction sur ce point. Et en supposant que Napoléon III fût personnellement disposé à faire la conquête de Venise, la France, elle, n'était point d'humeur à le suivre dans cette guerre. J'étais alors à

Paris, où j'entretenais de très-nombreuses relations, et je n'ai pas trouvé un Français décidé à ceindre l'épée pour l'affranchissement de la Vénétie. En revanche, j'entendais beaucoup de personnes tenir ce langage : « Le moment n'est pas venu pour nous d'entrer en campagne, même pour conquérir les limites du Rhin ; laissons les Allemands se battre entre eux, nous interviendrons quand ils se seront épuisés. » Au fond, la pensée dominante était celle-ci : il a fallu deux mois à la France pour venir à bout de l'Autriche dans un pays plat et ouvert, et pour s'avancer jusqu'à Vérone ; quel mal, à plus forte raison, la Prusse n'aura-t-elle pas à pénétrer seulement jusqu'en Bohême, pays hérissé et montagneux, muraille naturelle difficile à rompre ! Ainsi, en France, comme ailleurs du reste, on était loin de s'attendre au triomphe éclatant de la Prusse.

Et cependant ce triomphe est aujourd'hui un fait accompli. Au lieu de l'accepter comme une leçon historique, comme une nouvelle preuve de la rapidité avec laquelle les peuples, à une heure donnée, tombent ou s'élèvent, on se consume en longues dissertations sur les origines primordiales des choses ; on s'engage, à la recherche des tenants et aboutissants, dans un voyage de découvertes à travers les siècles.

Qu'arrive-t-il? Le public, facile à prendre, monte volontiers en croupe et galope avec l'orateur; mais l'homme sérieux et réfléchi se tient sur ses gardes, et il ne veut pas qu'on lui en impose. De tout ce que vous lui dites, il ne tire que cette conclusion : si la France, en 1859, avait achevé l'unité italienne, l'Italie, en 1866, ne se serait pas alliée à la Prusse, pour permettre à M. de Bismark d'écraser l'Autriche et de faire l'unité allemande.

Permettez-moi, Monsieur Thiers de vous adresser encore une question. Il est incontestable que la France, en affranchissant la Lombardie, il y a sept ans, a contribué pour une large part à l'œuvre de l'indépendance italienne; c'est là un titre de gloire qu'il est impossible de lui enlever. Mais alors pourquoi ne vous contentez-vous pas de recueillir tranquillement le fruit de vos efforts? Au lieu de crier bien haut vos regrets d'avoir accompli cette œuvre louable, au lieu de laisser tomber du haut de la tribune des paroles offensantes pour le peuple italien, des paroles de nature à tuer toute reconnaissance et à effacer en un instant tous les sacrifices que vous avez faits pour les Italiens, pourquoi ne pas rendre hommage à la vérité et ne pas chercher à gagner l'alliance et l'affection de l'Italie? De quelque puissance que l'on dispose en ce monde, on ne sait jamais de qui l'on peut avoir besoin, un jour à venir. Si le juste est sujet à ne s'élever qu'avec lenteur, à cause du respect et des égards qu'il a pour autrui, en revanche ces égards et ces ménagements lui créent des amitiés nombreuses qui le préserveront plus tard de la chute ; l'égoïste, au contraire, du jour où le sol s'ébranle sous lui, cherche vainement un appui ; il tombe aussi rapidement qu'il s'est élevé.

Veuillez-donc ouvrir les yeux, Monsieur Thiers ; le règne de la diplomatie est passé ; l'art de se servir des mots pour travestir la vérité a pu faire merveille autrefois dans la vieille Europe ignorante et devant des peuples-troupeaux ; mais aujourd'hui que les nations deviennent quelque chose et que l'instruction commence à être répandue, un ministre montant à la tribune doit savoir qu'il parle à des auditeurs qui en savent autant que lui et qui souvent voient plus clair. A quoi sert donc la diplomatie ? Tout au plus à discréditer le ministre qui en fait usage. Il n'y a plus désormais qu'un seul moyen de s'expliquer, c'est de dire la vérité, toute la vérité. L'Empereur Napoléon III devait, dites-vous, prévoir les événements qui sont survenus l'année dernière. Mais il n'y avait pas en France un officier qui ne pro-

nostiquât la défaite de la Prusse et la victoire facile
de l'Autriche ; le roi Guillaume lui-même a confessé
sa surprise en présence d'un dénouement si inattendu
et si éclatant ; comment donc le Gouvernement français aurait-il fait, Monsieur Thiers, pour se mettre en
garde contre des résultats qui ont étonné le monde
entier ?

Ai-je besoin de vous dire maintenant, Monsieur le
Député, pourquoi la France se trouve aujourd'hui dans
une si fausse position ? Ce n'est certes pas pour avoir
abusé de cette politique généreuse et grande, qui n'est
pour vous qu'une politique de dupes et de niais ; c'est au
contraire pour avoir suivi trop fidèlement la politique
traditionnelle et *diplomatique* que votre parole a pré-
conisée ; c'est pour avoir reculé devant la réalisation
complète du manifeste de Milan ; c'est pour être ren-
tré dans les errements de la politique de précautions
égoïstes et personnelles, au lieu de maintenir la promesse jurée à une nation malheureuse, et de défendre jusqu'au bout la cause de la justice et de la vérité.

Votre thèse, comme vous le voyez, Monsieur Thiers,
n'est ni rationnelle, ni heureuse. Vous reprochez dure-
ment à votre pays un des actes les plus honorables
que son histoire puisse enregistrer, et vous l'appelez,
au contraire, avec instance sur un terrain politique,

où tout a tourné à son détriment et un peu à sa confusion. Selon vous, le mal de la France vient uniquement de ce qu'elle a été un moment généreuse et grande, tandis qu'il vient en réalité de ce qu'elle n'a eu qu'une demi-grandeur et qu'une demi-générosité. Quant à l'Italie, vous n'avez pas assez d'anathêmes à lancer contre un pays qui a osé donner au monde cet exemple monstrueux d'un peuple qui travaille par tous les moyens légitimes, et sans songer à prendre le mot d'ordre auprès d'un tiers, à reconquérir son indépendance et son unité nationales. En vérité, Monsieur le Député, quelle limite vague et imperceptible sépare donc la réalité du rêve, pour qu'en partant d'un fait accompli on puisse ainsi passer de plain-pied de l'une dans l'autre?

La morale de tout ce que j'ai dit, Monsieur Thiers, peut se résumer dans la petite conclusion que voici : vous êtes Français, écrivain illustre et grand orateur; moi, par contre, je ne suis ni écrivain, ni orateur, ni Français, ni Italien, ni Allemand. Eh bien! sans avoir d'autre arme et d'autre force que le sentiment pur et simple de la justice et de la vérité due à tous, j'ai réussi à opposer à votre discours une réfutation sérieuse. Et, modestie à part, je serais, je l'avoue, curieux de savoir par quelle argumentation vous arriveriez à réduire la mienne à néant; et votre réponse serait pour moi d'autant mieux venue que, sur le terrain où j'ai placé la discussion, vous ne pourriez que redresser des erreurs de fait qui auraient pu se glisser à mon insu dans cette brochure. Oui, Monsieur Thiers, en m'éclairant, vous me rendriez un service, car je n'ai pas écrit ces quelques pages pour ménager une satisfaction à mon amour-propre ou à mes intérêts personnels, mais pour servir, fût-ce au détriment de mon amour-propre et de mes intérêts, la cause de la justice et de la vérité absolue.

FIN.